Dulce Vigilante:

Remembranzas de la Región Oeste de Puerto Rico

Dulce Vigilante:

Remembranzas de la Región Oeste de Puerto Rico

Cuentos por Carmen I. "Aida" Cruz
Letra y música por Lourdes Pérez
Ilustraciones por Andrea María Carnaval

ISBN: 978-1-63192-485-9

Impreso en los Estados Unidos

Edición y producción del libro y disco compacto:
Annette D'Armata y Lourdes Pérez
Prólogo: Aixa L. Rodríguez, PhD
Correciones de pruebas: Elena Stoupignan
Diseño gráfico y formato: Annette D'Armata
Ingeniería de sonido y masterización (todas las canciones menos #3 y #10):
Joe Treviño de Blue Cat Studios, San Antonio, Texas
Ingeniería de sonido canciones #3 y #10:
Walter Morciglio, San Juan, Puerto Rico
Músicos:
Lourdes Pérez: primera voz, guitarra y percusión
Miriam Pérez: voces
Tony Mapeyé: cuatro puertorriqueño
José A. Flores Rodríguez: guitarra en canción #3 y #10

Contenido

Prólogo

Como quien borda un pañuelo con delicados encajes, tres generaciones de mujeres del oeste borincano han hilvanado este tapiz llamado *"Dulce vigilante: Remembranzas de la Región Oeste de Puerto Rico"* que hoy tienes en tus manos. Ellas son la abuela Carmen I. Cruz, la hija y cantautora Lourdes Pérez, y la nieta, la artista visual Andrea Carnaval. Tal parece que otra abuela "arquitecta de la tela" inspiró el diseño de este hermoso manto bordado con tres hilos: palabra escrita, palabra trovada, palabra transmutada en trazos de tinta.

La producción *"Dulce vigilante"* recoge las vivencias de Carmen I. Cruz, mejor conocida como Aida, plasmadas en historia oral que descansa en sus recuerdos de un Puerto Rico que ya no es más. La madre maestra se yergue como ausubo de raíces profundamente arraigadas en la tierra, en nuestra tierra y en nuestra memoria. Sus remembranzas son historias sencillas que nos evocan recuerdos propios de nuestras abuelas, de nuestras madres cosiendo y contando. Contando del bordado de pañuelos, de la sirena de la central, del tren, del ganado y de la caña.

Dice Sylvia Rexach que "recordar es volver a vivir aquel ayer" y en *Bordeando Memorias* basada en el cuento *Viaje en tren*, Lourdes describe la trayectoria del tren como la "ruta de recuerdos vivos que hoy en tu semblante brillan." Estas líneas intentan combinar lo que resalta como ejes creativos de *"Dulce vigilante"*, los recuerdos que nos hacen volver a vivir y la acción de bordarlos, coserlos, hilvanarlos uno a uno. En otra estrofa de la misma canción dice: "tú, como diciendo ven y mira desde mis ojos", como si el recuerdo nos convidara a ver la realidad desde los ojos de quien nos lo cuenta. En su origen, *"Dulce vigilante"* es una invitación a mirar desde los ojos de Aida la vida rural del oeste de Puerto Rico en los años 30, 40 y 50. Mirarlo desde unos ojos "llenitos de ayer" como diría Serrat para revivirlo (devolverlo a la vida y volverlo a vivir) en dos lenguajes creativos distintos firmemente anclados en el aquí y ahora.

Del tronco de ese ausubo que es la madre maestra salen ramas fuertes, maduras que cantan de cara al sol. De allí brota la inspiración poética de Lourdes Pérez que transforma en canción los recuerdos de su madre rindiéndole un homenaje de amor a la madre y a la patria. Lourdes es profeta en otras tierras, que contrario a la "Costurera" a la que le canta, no ha podido "espantar el exilio." Heredera de la inspiración de Lola, de Julia, de Sylvia y de Luz Celenia, con esta nueva entrega reafirma los cimientos de un Puerto Rico que ya no es el de antes, mas sigue viviendo en poesía, en décima, en plena, en cuatro y también en seis.

Andrea Carnaval, la tercera generación y rama más joven de este ausubo, con su pluma plasma en el papel la esencia misma de las remembranzas de Aida. Esos inspirados trazos que han sido filtrados a través de los ojos de quien está dos generaciones distante de esos recuerdos capturan nítidamente la fuerza de esas memorias. Es la memoria el hilo conductor de esta creación a tres voces: la voz narradora de Aida en sus memorias, la voz en trova de Lourdes que toma los recuerdos como "pie forzado" para su poesía y la voz transfigurada en imagen de las ilustraciones de Andrea. Juntos los tres lenguajes creativos logran comunicar esa tan clara memoria que hace nuestros los recuerdos de otras. Lourdes y Andrea hacen suyas las historias de Aida para devolvérnoslas transformadas en nuevos códigos sin perder la esencia de lo que las mantiene vivas. Pero cada mujer mira desde su propia ventana confirmando que aunque tratemos de ver "desde los ojos" de otras, siempre veremos lo que desde los ojos propios nos es familiar, cotidiano y querido.

La propuesta multimedios que es *"Dulce vigilante: Remembranzas de la Región Oeste de Puerto Rico"* cuenta con la voz recia y profunda de Miriam Pérez y el cuatro glorioso de Tony Mapeyé. Miriam es la hija número ocho de Aida quien como su madre se ha dedicado a enseñar y como su hermana, ha dedicado su vida a la música. Miriam se planta firme entre la nueva trova de los años sesenta y los nuevos mensajeros de la canción de tema social en Puerto Rico. Se pasea muy cómoda desde la bohemia de Sylvia hasta sus propias canciones pasando por Silvio, El Topo y muchos otros. Aquí como en muchas otras producciones Lourdes y Miriam elevan la poesía de las canciones que brotan de la inspiración de Lourdes a un nivel sublime con su armonía de voces. El gran cuatrista y trabajador de la cultura puertorriqueña José Antonio Rivera Colón (Tony Mapeyé) le pone sabor a montaña a la trova de Lourdes inspirada en los recuerdos de su madre, de la vida en los campos del oeste de Puerto Rico.

Así que vamos, aceptemos esta invitación a ver "desde los ojos" de Aida… "plata, aunque otros vean lata," en la mirada joven de Andrea…"la suerte de ser eslabón" y con el "cantar" de Lourdes y Miriam "pausar el hilo un momento, hacer el reloj más lento, eternizar (la) puntada" que ha de ir bordando, juntas, viejas y nuevas memorias.

Aixa L. Rodríguez
Cabo Rojo, Puerto Rico
21 de noviembre de 2014

Dedicatoria

Estos sencillos cuentos y vivencias son dedicados a mis hijos: Nilsa, Sylvia, Elsa, Raulín†, Tere, Lourdes, Anita, Myriam y Luis que son la razón de mi vida.

A mis queridos nietos: Josué, Cristina, Esteban, Patricia, Andrea, Ricardo, Kelvin y Julia que tanto han llenado mi vida de mucha esperanza y fe y me dan fuerza para luchar y seguir adelante; para ustedes también van estos cuentecitos, historias y experiencias. Les amo con todo mi corazón, para que cuando los lean recuerden también la preciosa niñez - esa etapa de la vida que es la más bella.

A la Nena†, mi madre fuerte y luchadora que me enseñó mucho, se los dedico.

A Raúl†, hombre firme y honrado, con quien he compartido casi toda la vida, también le ofrezco estos cuentos e historias.

A Dios, sobre todo, agradezco lo que soy, su inspiración de lucha.

Carmen I. Cruz
12 de diciembre 1999

Personajes Populares

El Pilón, 2014

Goyo Pérez

Era un señor muy conocido en el barrio. Tenía muchos conocimientos sobre remedios caseros, naturales y medicinales, en especial de las plantas. Leía mucho y consultaba un viejo diccionario casi roto, de esos voluminosos y ahí se instruía.

Sabía arreglar artefactos viejos y dañados, en especial, las máquinas de coser. En ese entonces eran sencillas. Además cosía o remendaba algunas de sus ropas, especialmente sus calzoncillos largos, por supuesto.

Él era grueso y bajo de estatura. Usaba sombrero como los panameños y fumaba la pipa de tabaco.

Canta'ores del Rosario de Reyes

Galo y Facio Malavé eran esposos muy religiosos. Se encargaban de ir
a las casas donde se hacían rosarios de Reyes o de algún santo de devoción.
Ellos sabían cantar las promesas de los rosarios que le hacían los creyentes.
Durante toda la noche se cantaban varios rosarios; el público presente les hacía el
coro.

Ellos iban con sus hijos para este fin. Se comía de todo, comida, golosinas,
café, chocolate y otras cosas. Luego le seguía los chistes de Isaías Méndez que no
podían faltar.

Se disfrutaba sanamente y con mucho fervor.

Don Isaías decía : "así es como el río canta sus penas:"

> *Cantando alivio mis penas*
> *Mientras voy hacia la mar*
> *Las personas van y vienen*
> *Y yo no vuelvo jamás*

Reyes Magos, 2014

Pregonero de esquelas

*O*tra persona que recuerdo (no sé su nombre) es el pregonero de esquelas caminando por las calles del Pepino anunciando la gente que moría.

Se la pasaba casi todo el día en esa tarea. Usaba un megáfono para ese fin y llevaba un pergamino con un crespón negro y ahí los detalles del acontecimiento, fecha y sitio de su entierro.

El quincallero
o vendedor ambulante

En nuestros pueblos cercanos y nuestros barrios se acostumbraba la venta ambulante. Se les llamaba a éstos, quincalleros o vendedores ambulantes.

Cargaban una canasta de paja o bejuco en la cabeza, repleta de mercancía.
Ahí la llevaban con muchos artículos como ropa hecha a mano, zapatos, espejos, peinillas, polvo, alcoholados y en fin, todo lo que cupiera.

Caminaban a pie por todos los vecindarios pregonando sus artículos. Tenían días específicos de pasar por ahí y la gente los esperaba para sus compras. Uno de mis tíos fue quincallero por muchos años. Lo recuerdo aún.

Aleja

$\mathcal{E}$sta señora era bien conocida en el barrio. Todos le decían "la bolitera"

Por que se dedicaba a vender números de la bolita en ese entonces a la gente del barrio. Siempre iba a casa de mi tía. Allí hacía la mejor venta de números por que allí trabajaban peones de la caña y ella podía venderles "el número de la suerte."

Tocadiscos o Victrola

*E*ste equipo musical existía cuando yo era niña. Un tío de mi abuela poseía una. Este mueble era del tamaño de una vellonera de hoy, de madera y adornada. Había otro tocadiscos de mesa y se le decía fonógrafo.

Mediante una manigueta que se le daba vueltas, se hacía tocar. El nombre de "Victrola" procede de su marca "R.A. Victor."

Como casi nadie la poseía, la gente se emocionaba por oírlas y visitaban las casas para disfrutar su música.

En casa de un tío había otra y todos los domingos llegaban allí jóvenes y mayores a disfrutar, bailar y compartir. Mi tío era el primero que sacaba la pareja. Allí se disfrutaba sanamente.

Monchín del Alma, 2014

Monchín del Alma

"*M*onchín del Alma." Así se le apodaba; desconozco su nombre.

Este señor fue un sobreviviente de la epidemia, enfermedad de la lepra. En esa época fueron muy pocos los que sobrevivieron, decían mis abuelos.

Recuerdo muy poco: él pasaba por varios barrios de Isabela, Moca y San Sebastián. Montaba en un caballo dirigido por alguien que lo llevaba de sus bridas. Sostenía un cuatro o guitarra para cantar o balbucear alguna canción . Así él se ganaba alguna moneda que les brindaban con gusto. Se cubría su rostro con un velo y usaba un sombrero.

Ena

Fue como una madre, era muy inteligente.

Estudió hasta el quinto grado o sexto.

Sabía matemática, historia, geografía.

Ella se inventaba cuentos, poemas, aguinaldos.

Tocaba el cuatro y la guitarra.

Ella nos daba muchos consejos, en especial, que estudiáramos para que fuéramos gente útil a la sociedad y a nosotros.

Nos daba dinero para la guagua escolar que costaba 25 centavos ida y vuelta.

Amaba mucho a Puerto Rico, era una verdadera patriota.

Fue una fundadora del Partido Independentista.

Participaba en las actividades; participaba en todo.

Daba discursos e iba a donde quiera.

Una vez fue postulada para candidata a la alcaldía de Moca.

Fue muy activa.

Amaba mucho a Puerto Rico, de corazón.

Plenas del Oeste (5:52)

Letra y música por Lourdes Pérez, 2014
Basada en el cuento, "Personas y Personajes"

Pa' los presentes traigo estas plenas
Y con el alma se las dedico
Pa' los presentes traigo estas plenas
Y con el alma se las dedico

Tengan en cuenta que estas estampas
Son del oeste de Puerto Rico
Tengan en cuenta que estas estampas
Son del oeste de Puerto Rico

Pa' los presentes traigo estas plenas
Y con el alma se las dedico
Pa' los presentes traigo estas plenas
Y con el alma se las dedico

Tengan en cuenta que estas estampas
Son del oeste de Puerto Rico
Tengan en cuenta que estas estampas
Son del oeste de Puerto Rico

Goyo Pérez sabía de remedios
Goyo Pérez sabía de verdad
El fumaba pipa de tabaco
Y su sombrero era de Panamá

Goyo Pérez sabía de remedios
Goyo Pérez sabía de verdad
El fumaba pipa de tabaco
Y su sombrero era de Panamá

Don Goyo iba consultando
Un libro voluminoso
Y dicen que sus pociones
Tenían algo milagroso

Goyo Pérez sabía de remedios

Goyo Pérez sabía de verdad
El fumaba pipa de tabaco
Y su sombrero era de Panamá

Llegaron los canta'ores
Para el rosario de Reyes
Llegaron los canta'ores
Para el rosario de Reyes

Unos vienen a caballo
Y hasta en carreta de bueyes
Unos vienen a caballo
Y hasta en carreta de bueyes

Ya llegó el piragüero, ya llegó
Ya llegó el piragüero, ya llegó
Ya llegó el quincallero, ya llegó
Ya llegó el quincallero, ya llegó

Por la calle vienen anunciando
Con megáfono y negro crespón
Que la muerte estuvo visitando
El detalle lo dice el pregón

Por la calle vienen anunciando
Con megáfono y negro crespón
Que la muerte estuvo visitando
El detalle lo dice el pregón

Aleja la bolitera, quiero el 126
Aleja la bolitera, quiero el 126
Si me pego le prometo
Que habrá fiesta en el batey
Si me pego le prometo
Que habrá fiesta en el batey

Aleja la bolitera
El número de la suerte
Aleja la bolitera
El número de la suerte

Para ver si esta pobreza
No me sigue hasta la muerte
Para ver si esta pobreza
No me sigue hasta la muerte

Llegó la vitrola
Llegó la vitrola
Llegó la vitrola
La que compró don Pedro Jiménez

Llegó la vitrola
Llegó la vitrola
Llegó la vitrola
La que compró don Pedro Jiménez

Abajo una manigueta
Y arriba como una flor
Y la rueda de vinil
Cantaba cual ruiseñor

Llegó la vitrola
Llegó la vitrola
Llegó la vitrola
La que compró don Pedro Jiménez

Luciendo blancas camisas
Planchadas con almidón
Domingo después de misa
Se formaba el gran fiestón

Llegó la vitrola
Llegó la vitrola
Llegó la vitrola
La que compró don Pedro Jiménez

Aunque los federales
Le siguieran la pista
Aunque los federales
Le siguieran la pista

La valiente Ena
Fundó el Partido Independentista
La valiente Ena
Fundó el Partido Independentista

Sus discursos elocuentes
Expresaba con certeza
Por eso la postularon
(espacio) Para alcaldesa

Aunque los federales
Le siguieran la pista
Aunque los federales
Le siguieran la pista

La valiente Ena
Fundó el Partido Independentista
La valiente Ena
Fundó el Partido Independentista

(cambia a seis chorrea'o)

Las maravillas del mundo
Hablan de hermosos lugares
Pero no cambio por nada
Pero no cambio por nada
La revolución de Lares

Pa' los presentes traigo estas plenas
Y con el alma se las dedico
Tengan en cuenta que estas estampas
Son del oeste de Puerto Rico
Tengan en cuenta que estas estampas
Son del oeste de Puerto Rico

Los Talleres de la Aguja

Taller de la Aguja, 2014

Cuando era una niña existían muchos talleres de la industria de la aguja en la zona oeste. En otras también pero no tanto como en la nuestra. Recuerdo algunos de éstos y como funcionaban.

En Mayagüez había varios de ropa íntima de mujer. Se distribuía a las damas a domicilio. Ya estaban cosidas y ellas les ponían unos finos encajes.

En otros talleres se las daban cortadas y ellas las preparaban.
Hacían todo el trabajo. Debía ser confeccionado a mano. Éstos eran de seda china y tenían que ser bien elaborados, con vasta experiencia.

Otras operarias sólo bordaban. Las llevaban por docenas para un tiempo razonable.

Puedo recordar además, lo relacionado a la confección de guantes hechos de cuero, terciopelo o piel. Éstos también se trabajaban a domicilio. Aprendí a trabajar la confección de los mismos.

Doña Ana poseía un taller en mi barrio. Ella los traía de Mayagüez; tenía varias operarias que le trabajaban.

El proceso era el mismo, a domicilio y a tiempo razonable. Les pagaban por docenas y según la labor de la pieza. Recuerdo algunas que trabajaban con ella: Doña Quinta, Vicenta,Bacha, Cirila...entre otras. Estos trabajos luego irían a los Estados Unidos.

En San Sebastián había varias distribuidoras. Recuerdo a Doña America, Doña Paca, Doña Clemencia y varias más. Doña Priscila operaba su taller en el barrio Hato Arriba. En Saltos, otro barrio, Doña Anita Trujillo operaba otro taller de pañuelos. Eran distribuidos para ser bordados.

En Aguadilla conocí otras personas que administraban talleres. Una era Doña Agustina. Además trabajaba por su cuenta a varias personas del pueblo. Don Rafael Igartúa era representante de mayor escala y capacidad.

Además de tener el trabajo a domicilio, tenía sala de trabajo. Se cortaban piezas y allí varias operadoras las confeccionaban. Las bordadoras los hacían en sus casas. En el taller de trajes de niñas, si ya el bordado estaba preparado, las operadoras los cosían en sus casas.

Me siento muy agradecida de haber aprendido a bordar y a coser pues aprendí visitando los talleres con mi mamá y a la vez aprender observando como lo hacían.

Los talleres fueron una gran fuente de ingresos a aquellas mujeres que podían trabajar en sus casas sin tener que abandonar otros quehaceres ni a su familia.

Todo fue terminando. Creo que ya no quedan activos pues llegaron las fábricas de toda índole y la mujer ya no pudo traer los trabajos a domicilio. A menos que trabajara en la costura por su cuenta, ese fue su oficio.

Costurera (5:52)

Letra y música por Lourdes Pérez, 2014
Basada en el cuento de Carmen I. Cruz,
Los Talleres De La Aguja

La libreta de jornal
Que el tiempo besó amarilla
Carcomida de polilla
Es parte fundamental
Para entrar por el portal
De los años de mi abuela
Quien sólo tuvo de escuela
Por literatura, encajes
Compositora de trajes
Arquitecta de la tela

Medida y sabiduría
Ciencia física en el porte
Matemática en el corte
Dominio de ingeniería
Madeja y filosofía
Dignidad que no se estruja
Y por que la vida empuja
Para ganar el bocado
Decoraste con brocados
Los talleres de la aguja

Guantes finos de señoras
Ropa de niños e infantes
Pañuelitos elegantes
Una docena por hora

Labora que te labora
Exportes de terciopelo
Aferrándote a tu suelo
Para espantar el exilio
Entregas a domicilio
Y un corazón en desvelo

(instrumental)

Costurera, costurera
Que adornaste mi región
Cerraste con precisión
Y broche de oro, una era
Con este cantar quisiera
Pausar el hilo un momento
Hacer el reloj mas lento
Eternizar tu puntada
Y al aire como una espada
Que brille tu monumento.

El Ganado

El Ganado, 2014

*M*e levanto temprano. A lo lejos, tal vez por La Cuesta de la Luna, como todos la llamamos, se oye una voz fuerte. Quizás será Pancho, el de León, Toño, Alejo o cualquier otro que posee ganado por estos cerros.

Esto me llama la atención, tal vez nostalgia recordando mi niñez cuando iba a la casa de mis abuelos paternos a disfrutar corriendo por el cercado de su ganado.

Escucho una voz llamando a cada animal por su nombre: "Toma, toma, Canelo!" Se repite un eco:

> *Toma, toma, Canelo! Toma, toma, Canelo…*
> *Chocolate! Chocolate…*
> *Pinta! Pinta…*

El eco se sigue escuchando a lo lejos.
El ganado obedece, se dirige al dueño.

Es hora de cambiarlos de lugar. Los cambiará a orillas de la quebrada. Allí también hallarán agua del pozo de Don Cheo.

Las sombras de las cañas de bambú, el árbol de maná, las higüeras y el árbol de brucal les ofrecen seguridad y frescura. Luego, en el atardecer, volverán para dormir en el sitio indicado.

Mañana, otro amanecer volverá a escuchar las voces de estos ganaderos que vuelven a su rutina.

Me parece verlos satisfechos, bajando o subiendo la cuesta de la luna, con su *le lo lai* del campesino.

Ganadero del Pepino (3:31)

Letra y música por Lourdes Pérez, 2001
Basada en el cuento de Carmen I. Cruz, "El Ganado"

Aún se recuerdan sus nombres
Pancho, el hijo de León
Toño, Alejo y un montón
De madrugadores hombres
Quiero que mi canto honre
A tantos que su destino
Fue rondar por los caminos
O a la sombra de un guamá
Para ti mi verso va
Ganadero del pepino

Imagino que no es fácil
El dirigir un ganado
Cambiarlo de lado a lado
Hay que ser fuerte y muy ágil
Salvar al novillo frágil
De crecientes, remolinos
Y de tantos desatinos
De barrancos peligrosos
Mas siempre saliste airoso
Ganadero del pepino

Busca el manantial mas claro
Quien a su manada quiere
Pues su trabajo requiere
Proveer cuida'o y amparo
Jíbaro, yo aquí declaro
Que tu altura es la del pino
Y que del lienzo más fino
Quiero tu poesía tejer
Te saluda una mujer
Ganadero del pepino

Mi madre, otra compueblana
Me obsequió esta historia en cuento
Y en décima yo presento
Una estampa borincana
Que en una tibia mañana
Se oiga tu voz, peregrino
Que quede un eco divino
Por la Cuesta de la Luna
De mi pueblo eres fortuna
Ganadero del Pepino
De San Sebastián, fortuna
Ganadero del Pepino

Las Serenatas

Linda Mocana, 2012

$\mathcal{A}$ún me acuerdo cuando niña, como se daban las serenatas. Éstas eran obsequiadas a una novia, esposa, madre, amiga o cualquiera mujer querida. Podía ser para algún día en especial o en cualquier ocasión. Se daban un poco entrada la noche. Amigos, músicos y cualquier familiar llegaba a la casa indicada.

Ya, de antemano, se debía saber el dormitorio a quien se le ofrecía la serenata y así no equivocarse de ventana, porque si se equivocaban se llevarían una gran sorpresa! Debían llegar silenciosamente, esa era la gracia, escuchar la música y los cánticos inesperadamente. Eran muy lindas y agradables en una noche bella de luna llena.

No había alumbrado y esa luna era nuestra guía.

Uno de mis tíos era músico y llevaba sus serenatas a la novia pero había un obstáculo: cruzar el río para llegar allí. ¡Era maravilloso! ¡muy recordado!

Cuando ya era una adolescente disfruté de varias que nos llevaban amigos y pretendientes.

Ya casada, también he disfrutado de varias más por algún día especial; cumpleaños, aniversarios y otros...

Rio Culebrinas, 2014

Linda Mocana (4:55)

Letra y música por Lourdes Pérez, 2014
Basada en:
- la historia "Las Serenatas" por Carmen I. Cruz
- una carta de amor de Estéban Cruz a Edelmira Vargas
- parte de un poema escrito por Raúl E. Pérez referente a la carta

Voy siguiendo el murmullo
Claro del río
Voy siguiendo a la luna
Que luz emana
Voy pidiéndole al cielo
Que no se olvide
De recibir mis versos
En su ventana
Linda Mocana

Con un jardín de perlas entrelazado
Viene mariposeando mi pobre alma
A posarme he venido, encantadora
Esperando avivar del amor la llama

Si me dice que sí con un suspiro
Tocaré las estrellas más cercanas
Y si quiere saber cuanto la admiro
Una sola vida tengo
Y por usted la daría
Linda Mocana

Pasaré el resto de mi vida
Amándole
Con sentimientos sin medida
Amándole
Hasta que el tiempo lo decida
Amándole
La más bella historia

Sería la gloria de alcanzar su amor
En mi mente la efigie de su nombre
Con las doradas redes que me atrapan
Mi corazón le entrego
Y no se asombre
Una sola vida tengo
Y por usted la daría
Linda Mocana

Pasaré el resto de mi vida
Amándole
Con sentimientos sin medida
Amándole
Hasta que el tiempo lo decida
Amándole
La más bella historia
Sería la gloria de alcanzar su amor
La más bella historia
Sería la gloria de alcanzar su amor

Voy siguiendo el murmullo
Claro del río
Voy siguiendo a la luna que luz emana
Voy pidiéndole al cielo
Que no se olvide
De recibir mis versos
Linda Mocana
Linda Mocana

Mila y su Jardín

Mila, 2014

$\mathcal{A}$ Mila le fascinaban las flores, los huertos y estar sembrando.

Cuidaba de él con mucho esmero. Tenía variedad de flores y plantas medicinales. Hacía un huerto y jardín alrededor de la casa. Entre las flores había azucenas, amapolas, lirios, tulipas, jazmines y geranios.

Sembraba las palmitas, los mirtos, arbolitos frutales como el chino, el guayabo, papayas, limones y grosellas. Creo que de lo más que tenía eran sus plantas medicinales o de remedios.

La verdolaga, yerba buena, cariaquillo, jengibre, curía, té sábila, tuna, vainilla, paletaria, las cuales eran para guarapos de los catarros, vómitos y el dolor de barriga. Para el dolor de oído, mejorana machacada con aceite oliva.

Las siguientes eran para baños: santa maría, higuillo oloroso, paleo y vaquiña. La salvia para ponerse cataplasma sobre la piel para el dolor de cabeza.

Ella se lavaba la cara con agua de rosas de cien hojas. Decía que rejuvenecían y creo era cierto: tenía el cutis bien bonito.

Me quedan por mencionar las plantas de hortaliza que eran las más comunes: recao, cilantrillo, orégano, el ají dulce y picante para preparar los vinagres caseros, cebollas, cebollines, calabazas y pimientos.

Luego de cuidar su jardín llegaba con dos flores - una en la oreja y otra en su moño para que la viéramos.

Se veía linda, me parece verla...

El Jardín de Mila (4:06)

Letra y música por Lourdes Pérez, 2014
Basada en el cuento de Carmen I. Cruz, "Mila y su Jardín"

Un luto elegante
Esencia de rosas
Una casa hermosa
Postura triunfante
Cotorra Parlante
Cocina y fogón
Anafre y canción
Mágica hortaliza
Y quedó tu sonrisa
Frente del limón
Y quedó tu sonrisa, Mila
Frente del limón

Insustituible
Abuela, tu beso
Tu amor y tus rezos
Fueron invencibles
Tu risa visible
La flor en tu pelo
Tu invisible velo
Arropó mi infancia
No existe distancia
Ay, cuanto te anhelo
No existe distancia
Mila, como te anhelo

Verdolaga, yerbabuena
Paletaria pa' guarapo
Una muñeca de trapo
Rico café con avena
Galletas en la alacena
Salvia e higuillo oloroso
Refrescante agua de pozo
Mejorana pal oído
Parece que no te has ido
Fuiste mi roble frondoso

Para ti, Edelmira
"Mila" Colón Soto
Un verso devoto
Pues a mi alma inspiras
Yo sé que me miras
También puedo verte
Que linda mi suerte
De ser eslabón
Y mi corazón, ay, ay, ay
Siempre ha de quererte
Y mi corazón
Siempre ha de quererte

Héroe

Perro, 2014

Cuando viví en casa de mis abuelos experimenté muchas cosas lindas.

Mila tenía un perrito llamado Héroe. Lo enseñaron a llevar mensajes a casa de sus hijos.

Le amarraba un mensaje al cuello, le daba el mando y allá llegaba. Ellos leían el mensaje y lo devolvían. Era increíble. Si Héroe se equivocaba y llegaba a otra casa, ahí se le decía el nombre de la persona a donde tenía que ir y el perro llegaba a su destino con su recado.

Héroe (5:01)

Letra y música por Lourdes Pérez, 2014
Basada en el cuento de Carmen I. Cruz, "Héroe"

Dice mi madre que un día
Llegó hasta su casa un perro
Del mismo color del hierro
Héroe todos le decían
De patio en patio corría
Con su cola saludaba
Decir hola le faltaba
Y por ser tan llevadero
Llegó a ser el mensajero
Que a todos comunicaba

Le amarraron un pañuelo
Rojo pa' verlo a distancia
Recorría el perro la estancia
Con sus notitas al vuelo
'Manda a decir el abuelo
Que se vengan a almorzar
Que María se va a casar
Quedan todos invitados'
Y el Héroe privilegiado
Sobrajas a disfrutar

Si el perro se confundía
Y en lugar equivocado
Terminaba su recado
Ya todos lo conocían
Simplemente le decían
A dónde tenía que ir
Y el canino en su sentir
De instinto e inteligencia
Completaba diligencias
De un hermoso convivir

Yo te cuento y no te asombres
Él partía con su mensaje
Héroe fuiste un personaje
Fiel amigo de los hombres
Permíteme que te nombre
Y que en copla te recuerde
Correteando entre los verdes
Campos que habitó mi madre
Pa' que en memoria le ladres
A esta nostalgia que muerde (3X)

Viaje en Tren

El Tren, 2009

Durante los años 1944 al 1947 era estudiante de escuela superior. Mucho antes de esa época, el tren de carga y de pasajeros existía en Puerto Rico. Tenía muy pocos vagones de pasajeros y tal vez uno de carga. Siempre tenía la ilusión de darme un paseo en tren ya que no lo había experimentado. Por fin llegó el momento y en este caso para hacer gestiones de estudio en la universidad. Para mi fue una maravilla que se cumpliera ese deseo!!

Los habitantes de Moca, San Sebastián y otros pueblos, incluyendo Aguadilla, nos correspondía la parada de Cuesta Vieja (Aguadilla). Mi tía me acompañaba ya que ella viajaba frecuentemente. En la estación había mucha gente esperando. Unos a trabajar, otros a visitar a alguien, otros a hacer gestiones. Era algo nuevo para mi.

Sin título, 2009

Jíbaro en el tren, 2009

En la entrada de la estación, esperábamos el tren. Allí se veía a la gente vendiendo pan, limonada, pececitos de colores en frascos de cristal...sacados de alguna charca... Por fin llega el tren más o menos a las 12 del mediodía. Venía del sur, o sea, de Ponce, hacia San Juan. Esperábamos, pagábamos y a sentarnos con un poco de prisa, muchos por coger una ventana para observar el trayecto, paisajes, belleza natural, la costa...

No era muy cómodo porque los bancos eran de madera. Los de primera clase eran de pajilla.

Abordábamos en Aguadilla, como era nuestro caso. Se pasaban los siguientes pueblos: Isabela, Quebradillas, Camuy, Hatillo, Arecibo, Barceloneta, Manati, Vega Baja, Toa Baja, Dorado, Bayamón, hasta llegar a San Juan. De ahí partíamos a nuestros destinos en los autos locales para Santurce, Hato Rey, Rio Piedras, etc.

En todos estos pueblos mencionados el tren hacía sus paradas. Además había gente en el trayecto con una señal, el tren se detenía y continuamente sonaba la sirena y la campana.

Por Quebradillas se pasaba el túnel…todavía existe, incluyendo las vías.

Viajaba gente de todos niveles. Recuerdo aún los hombres con banderas rojas indicando que el tren se detuviera para el paso del que venía contrario.

Para esa época, la tarifa era 1.50 primera clase, 95 centavos segunda clase y 10 centavos paradas cortas dependiendo el tramo. Los viajes, a pesar de ser un poco incómodos se nos hacían placenteros…ver la costa, los paisajes que traían tanta paz, ver algún barco a lo lejos…También los cañaverales, las centrales azucareras, sembrados de piñas y otros frutos.

Algunos pueblos se caracterizan por lo que producen o lo que venden: Isabela, su queso de hoja; Manatí, el pajuil y empanadillas; y así cada pueblo con su producto o venta.

Por los años 1950 al 52 más o menos el tren cesó sus funciones. Podría ser por cuestiones económicas o la llegada continua de autos traídos que eran más rápidos y la gente los usaba con más frecuencia.

Se acabó nuestro querido tren...

Hace poco se inauguró un tren en la zona metropolitana (tren urbano) entre San Juan y Bayamón para la gente de esas zonas. Espero tenga una mayor suerte... servir al adelanto y necesidad de nuestro país.

Espero además que algún día podamos disfrutar otro tren, que por lo menos podamos ver el paisaje y contemplar nuestra isla por la costa, como antes, aunque no estén los cañaverales, ni sus centrales azucareras y otros detalles nuestros que son únicos.

Sin título, 2009

Bordeando Memorias (2:44)

Décima por Lourdes Pérez, 2005

Bordeando la costa, el tren
Tú, bordeando tus memorias
Yo añorando tus historias
Madre e hija en el vaivén
Tú, como diciendo, "Ven,
Y mira desde mis ojos"
El pasado nos da alojo
Y disfrutando el pajuil
Yo trasbordo hasta tu abril
Pa' pasear a nuestro antojo

El detalle de tu blusa
De tu falda, tus zapatos
Tu majestuoso retrato
Y esta obsesionada musa
Que ya alejarse rehúsa
Y quiere saber de ti
¿Que más llevas, Carmen I.
En tu maleta de paja?
¿Tu inocencia, tus alhajas
De campo y moriviví?

Noventa y cinco centavos
Y te transformas en reina
Viento de isla que te peina
Triunfante de cabo a cabo
Yo mientras, tu imagen trabo
En una composición
Que quiere dar expresión
A tu belleza, viajera
Va del monte una extranjera
A San Juan, a una gestión

Cada nivel a su asunto
De madera o de pajilla
Desde Ponce hasta Aguadilla
Para ver algún presunto
Experto, o algún difunto

Algún pariente lejano
Niños que van de la mano
Pues sobra la distracción
Tú, con tu tía Adoración
Saliendo desde temprano

Pececitos de colores
En frasquitos de cristal
Quesito de hoja al detal
Bullicio de vendedores
Tú y tu tía cual dos flores
Paseándose en un jardín
No queriendo poner fin
A esa ilusión de tu infancia
Fundirte en las circunstancias
Del cotidiano trajín

Piñas que aferran dulzores
Llegando hasta Manatí
Y yo aferrándome a ti
Rogando que el tren demore
Y detenerme en tus mejores
Caminos de juventud
Reirnos bajo un alúd
De jazmines, madre mía!
Tu vida riel y tranvía
De quien vive a plenitud!

Tren es máquina de acero
Con respiro de carbón
Vagones con eslabón
De carga o de pasajeros
Abordábamos primero
Por Cuesta Vieja, Aguadilla
Isabela, Quebradillas,
Camuy Hatillo, Arecibo...
Ruta de recuerdos vivos
Que hoy en tu semblante brillan.

Por mis caminos: Maestra rural

Salón de clase, 2014

$\mathcal{E}$n el año 1946 me gradué de escuela superior. Fue época de guerra. Estalla la segunda guerra mundial. Para ese entonces los jóvenes de la edad requerida tenían que servir obligatoriamente para servir a la nación. En esas edades caían la mayoría de los jóvenes, maestros, profesionales y muchos más de la sociedad y tenían que cumplir con su deber. Igualmente, muchos jóvenes graduados de cuarto año, reemplazarían a éstos. El departamento de instrucción como se llamaba en aquel entonces, ofreció exámenes a éstos (con buen promedio) para ocupar estas plazas vacantes.

Había otros requisitos pero al que lo aprobaba le daban la vacante. Fui seleccionada. Entonces nos enviaban donde la hubiera. Me mandaron a una escuela de las más distantes de mi pueblo. Fue muy difícil adaptarme, de estudiante a maestra. Me inicié ahí pero seguí ante muchos obstáculos. Quería estudiar y superarme.

Llegar allí no era fácil. Tal parece que por vez primera ir a pie por un corto tramo de carretera, todo lo demás, caminar, veredas, lomas, callejones. Ya podrán imaginar.

A veces un señor conocido me relevaba en su caballo o yegua. Me levantaba antes de las seis. Tenía solo dieciocho años y me sentía con miedo estar caminando tan sola y por sitios que no había estado. Me encontraba con perros que no me conocían y en fin, me imaginaba lo peor.

Otras veces, algunos padres mandaban sus niños para que me acompañaran por el camino. Pasaba cuestas; una de estas se llamaba "Cueva de las Hormigas." No sé por qué ese nombre.

Pasé por cercados de ganados, por una caverna que le decían "Cueva de los Indios." Desde la cuesta se divisaba Moca, San Sebastián, muy claramente podíamos ver las centrales Plata y Coloso, pertenecientes a San Sebastián y Aguadilla.

La zafra estaba en todo su apogeo y era gran fuente de ingreso.

Continúo con mi historia….recordando que en algunos hogares me ofrecían desayuno por el trayecto. Por fin, con todos estos obstáculos, llegaba a la escuela situada detrás de un mogote. Había una pequeña cordillera.

La escuela era un sólo salón. Casi todos los salones eran así: uno o dos, pues, solamente se ofrecían hasta tres grados elementales - dos de mañana y otro a la tarde.

Equipado de pupitres, una mesa para la maestra con su silla, dos o tres pizarras, borradores y tiza. Los libros se buscaban en el pueblo. Se carecía de luz y de agua potable. No había servicio de comedores escolares. El servicio sanitario era la letrina de aquel entonces, una caseta cerca del salón. Así eran casi todos los salones en la zona rural.

Me asignaron dos grados – primero y segundo. No había mucha matrícula. Como el pueblo era distante se buscaban los libros allá hasta donde el auto llegaba por la carretera; luego se llevaban a caballo el resto del trayecto.

Había un señor que hacía esta tarea.

Nos visitaba el superintendente dos veces al año. En estas visitas se nos supervisaba y nos evaluaban. De este proceso dependía que nos dieran la plaza de nuevo. Me estimulé con mi trabajo, pues fui evaluada favorablemente; así podía empezar a estudiar en la Universidad.

Iba los sábados y algunos veranos hasta que reuní los requisitos de maestra y obtuve el certificado.

Esta fue mi primera experiencia como maestra. Los niños eran muy buenos, humildes y respetuosos. Los padres, igual. Cooperaban como podían.
Recuerdo a éstos con mucho respeto. Apreciaron mi labor y sacrificios. Todavía recibo visitas de muchos; otros ya no están. Me quieren mucho y yo a ellos. Sé que aporté con mi conocimiento a formar a varios. Doy gracias a Dios por eso.

Maestra del Campo (2:17)

Letra y música por Lourdes Pérez, 2014
Basada en el cuento de Carmen I. Cruz,
"Por mis Caminos: Maestra Rural"

Maestra, tus pasos grabados quedaron
La Cueva del Indio, las palmas reales
Te vieron pasando de prisa y temprano
Maestra del campo, junto a los turpiales

Con tiza y pizarra, casi a la intemperie
Niños sin zapatos, con sed de enseñanza
Ibas recogiendo sonrisas y cantos
Tú y el sol radiantes en la lontananza

Por el barrio Rocha y otros colindantes
Veredas, caminos, pueblos aledaños
Anduviste brava y hermosa maestra
Que apenas cumplías dieciocho años
Dieciocho años…

Maestra, tus pasos grabados quedaron
La Cueva del Indio, las palmas reales
Te vieron pasando de prisa y temprano
Maestra del campo, junto a los turpiales

Vecinos brindaban café y desayuno
Con libros escasos impartías palabras
Que fueron semillas de flores silvestres
Noble segadora, cultiva quien labra.
Cultiva quien labra…

Maestra, tus pasos grabados quedaron
La Cueva del Indio, las palmas reales
Te vieron pasando de prisa y temprano
Maestra del campo, junto a los turpiales

Maestra, tus pasos grabados quedaron
La Cueva del Indio, las palmas reales
Te vieron pasando de prisa y temprano
Maestra del campo, junto a los turpiales

Mariposa en el pelo, 2013

Realidad y fantasía

Agua y Espejo, 2012

Salgo al campo a contemplar la belleza natural. Camino bajo las palmeras, contemplo las ramas de los árboles, como se mueven con la brisa de la tarde.

Brinco sobre las altas yerbas del chapín. Me tiro en ellas que me sirven de alfombras.

De pronto siento algo en mis pies. Me he parado en una planta de moriviví; ésta me lastima.

Tan bella, tan pequeña, pero a nadie le placen sus espinas, sus caricias.

De pronto, una mariposa que posaba sobre una flor de asclepia vuela sobre mi cabeza. Es una bella monarca color negra, blanca y anaranjada que hace sus piruetas a mi alrededor.

Esa atrevida viajera que sólo ella sabe hacia donde se dirige a pasar su temporada de estación y protegerse del mal tiempo.

Observo su viaje muy fijamente hasta perderla de vista.

Entonces, yo también sigo mi marcha.

Me detengo observando un pajarito juguetón que salta y vuela a la vez de rama en rama.

Llego a un riachuelo cercano. Contemplo un buen rato la charquita que siempre visitaba. No parecía la misma, ya no era clara y cristalina.

Estaba llena de abrojos y limos y algún desperdicio.

Me dije, "ya no estás como antes eras" y me puse a recordar como antes nos reflejábamos en ella.

Volví a mirarla fijamente. De pronto, vi una niña allí, en el espejo del agua.

Estaba descalza, su pelo alborotado por el viento que la acariciaba. Vestía blusa blanca y falda obscura. Era yo, reflejada, pero la veía como esa niña que describo; la niña de antes.

He recordado mi niñez, en los montes, las charcas y el bello campo que correteaba.

Esta era la linda y sana niñez. Espero que los niños de ahora sean tan felices como en esos años pasados de la mía.

Sin título, 2012

Agua de Espejos (3:16)

Letra y música por Lourdes Pérez, 2014
Basada en el cuento de Carmen I. Cruz, "Realidad y Fantasía"

Mi sombra tiene un reflejo
Agua de espejos de mi niñez
Y entre alfombras de chapines
Yo, sin confines, sacio mi sed

Hipnótica brisa, se enreda en las ramas
Y un sueño derrama ante mi
[*Que bonito es volar…*]
Y cual futura mariposa,
Rumbo a ser prosa, salgo de mi
Mi sombra, tiene un reflejo
Y desde lejos, mira el ayer

Flores de asclepia adornan la charca
En donde intercambio este gris
Abrojos y limos forman remolinos
De frente a la niña que fui
Mi sombra tiene un reflejo
Y desde lejos, mira el ayer

Serena y descalza
Mi infancia se alza
Y en mágica danza, me voy
[*Que bonito es volar…*]
Cual sombra en dos tiempos
Mediando el encuentro
Del mundo de ayer y de hoy

Mi sombra tiene un reflejo
Agua de espejos de mi niñez
Mi sombra tiene un reflejo
Y desde lejos gigante es

Los pies, 2013

La Central Azucarera

Carreta de bueyes, 2014

"Ya la central no suena, permanece muda.
Su sirena no despierta a nadie."

$\mathcal{D}$esde muy niña conocí la central de mi pueblo. La aprendí a querer con mucho cariño. Nunca pensé que algún día fuese a trabajar allí. Esa sirena que nos despertaba anunciando que había que levantarse para iniciar las tareas del día. Las mujeres a preparar el café, los hombres a salir a trabajar, la mayoría al cañaveral. Los niños a la escuela, otros con sus papás a ayudarlos. Por esa época, había poca maquinaria para el proceso.

Casi todo era a mano. Unos cortaban, otros recogían la caña para ponerla en mazos y llevarlas a su destino en las carretas tiradas por una yunta de bueyes. Mucha de la caña era llevada directamente a la central para procesarla.

En algunos sitios había vía de la máquina y allí era llevada para luego transportarla a la central en vagones. Así era ese proceso.

Varios de estos barrios eran: Guatemala (donde estaba la central), Hato Arriba, Pozas, Plata, Capá y llegaba hasta Voladoras.

Los muchachos gozábamos cuando dejaban algún vagón vacío. Íbamos a disfrutar montándonos en ellos. Unos se montaban y otros empujábamos hasta donde se parara. Había otro vagón el cual llamaban el lorí. Era el preferido.

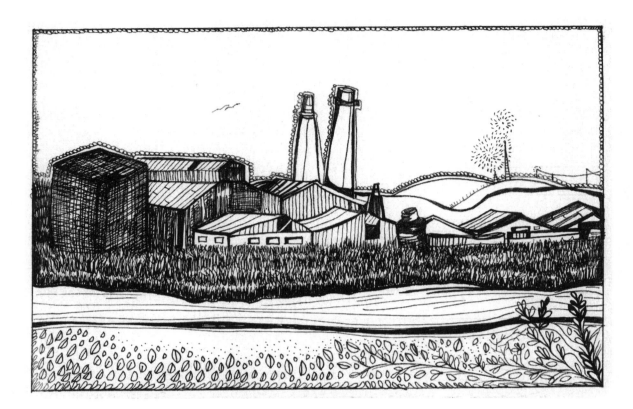

La central ya no muele, 2013

La zafra duraba seis meses más o menos. Así se repetía la rutina diaria. Los niños ayudaban a lo que sabían; llevarles agua, desayuno o recoger la caña en paquetes. El día del acabe de la caña se celebraba con fiesta. Se comía, se cantaba, se bailaba. Las canciones eran casi todas décimas. Se tomaba ron caña.

Ya la central no suena, permanece muda. Su sirena no despierta a nadie.

Llega el tiempo muerto. Es difícil para la gran mayoría. Esperar seis meses más en donde no se corta caña. Ahora a cultivarla y prepararla para la próxima zafra.

Para muchos, esa era su ocupación y habría que esperar seis largos meses para volver a la época de zafra.

Después de muchos años me tocó trabajar en la central que me sirvió de reloj y de mucho disfrute. Fui ayudante del jefe de colonos, llevaba records y atendía el cuadro telefónico.

Recuerdo con mucho cariño y respeto a mis compañeros: Don Julio Visepó, Don Millo, Don Inés, Uto, Balolo, Echevarría y otros más, varios no están…han partido. Con la nueva molienda, volvió a sonar la sirena. Nos despertaba y era todo alegría el regreso de la zafra.

La gente del cañaveral y los colonos también la celebraban. ¡Todos al cañaveral!

El sol candente azota las espaldas de los peones. Este sol generaba fuegos y así había que cortar la caña. Esto les traía contratiempos pero el jíbaro no se rinde, sigue adelante con su compromiso y con su familia.

Cada año la zafra iba decayendo. El colono casi no tenía incentivos, sólo el abono. Estas dificultades llevaron al cierre de la central. Fue muy triste para todos, difícil para los que vivían de esta tarea.

Ya no suena la central, ya no. Ya no nos levanta por las mañanas, ya nadie lleva caña, la que nos devolvía miel, melao, azúcar. Ya la central no nos endulza la vida.
Solo hay amarguras en ella para nosotros que la hemos querido desde niños.
Vemos ese monumento en ruinas como si dijera: "aquí me han dejado abandonada y triste después que fui apoyo y seguridad para los que de mí dependieron."

Los niños de hoy nos preguntan sobre esas ruinas. Hay que narrarles la historia de la zafra, ya que la mayoría de ellos la desconocen.

La central ya no muele, ya no suena, trae añoranzas y nostalgias a los que vivimos esos momentos. Parece un vigilante que trae recuerdos a todos como diciendo: "aquí me quedo por los siglos."

En mi isla creo queda una sola central azucarera. Todavía hay esperanza de zafra, de siembra, de molienda y de sirenas en la madrugada. Vamos a volver a revivirla, para volver a saborear, su caña, su azúcar, su miel...

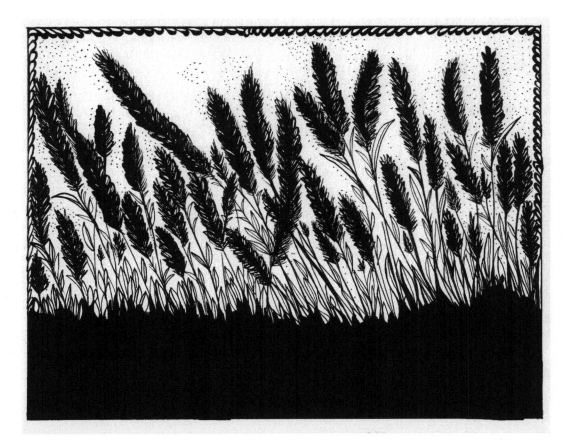

Flor de caña, 2014

Dulce Vigilante (3:23)

Letra y música por Lourdes Pérez, 2005

Dulce vigilante
De los dulces sueños
Mi pueblo pequeño
Recuerda un gigante
De dulce semblante
Y canto colosal
Cruzaste el umbral
Que hoy te ha vuelto historia
Mas guardan mil memorias
A la vieja central
Guardan mil memorias
A la vieja central

La infancia distante
No olvida el olor
Ni el negro dulzor
Del melao embriagante
Bajo un sol brillante
Parecía cristal
La hoja de metal
Macheteando caña
Mis ojos extrañan
La vieja central
Mis ojos extrañan
La vieja central

Cual prueba de amor
Nos traían los niños
Caña dulce, guiños
Campestre pudor
Tu fruto era flor
Y la zona rural
Lucía señorial
Viva, trabajando
Tú, linda y silbando

Mi vieja central
Tú, linda y silbando
Mi vieja central

Pensé interminable
La inmensa cosecha
Y siento hasta la fecha
Algo inconsolable
Algo lamentable
Se secó el panal
Y aunque es tu final
Yo te veo de plata
Aunque otros vean lata
Mi vieja Central
Aunque otros vean lata en ti
Mi vieja Central

Mi pueblo pequeño recuerda un gigante, 2013

Apéndice
English Translation

Sweet Guardian: Remembrances of the Western Region of Puerto Rico
This project presents "essence through memory" of the western coast and countryside of Puerto Rico - a cultural ecosystem that has rarely been documented and whose rapidly disappearing cultural riches have never been shared on a global level.

Characters of the Town

Goyo Pérez

Goyo Pérez was a well-known botanist. He knew about natural home remedies.
He read a lot and consulted an old dictionary almost broken, a voluminous book. He would instruct himself there.

He also knew how to fix old and out of order artifacts, especially, sewing machines. In those times, it was simpler to fix them. He would also mended old clothing, especially his long underwear.
He was heavy set and short. He used a hat called Panama hat and smoked a pipe.

Aleja

She was very well known in the whole town. She was called "la bolitera" as she sold the illegal lottery. She always went to my aunt's house where she made her best sale.
Since the sugar cane workers wanted to buy " the lucky number"

Singers of the Three Kings' Day Rosary

Galo y Facio Malavé were husband and wife. They were very religious. They used to go to the houses where people had devotion to the Three Kings or any other saint. People used to ask a particular saint or the Three Kings to make a particular wish come true. As a thank you for such favor, the sung rosaries would take place.

They knew how to sing the rosaries. The singing took place all night long. Those present used to sing the chorus part. They used to bring their children so that they would be the chorus singers. There was lots of food and home made candies as well as coffee and hot chocolate.

Then, a man named Isaías Méndez would make jokes and tell funny stories to keep people awake. Don Isaías used to say: "this is how the river sings its sorrows":

> *Singing I sooth my sadness*
> *As I go toward the sea*
> *People come and go*

But I never return

We would enjoy ourselves in a very beautiful way.

Announcer of the Dead

Another person whose name I don't remember was the announcer of the dead. He would walk up and down the streets of Pepino announcing those who passed.

It was a whole day affair. He used a megaphone with a black ribbon as he read a scroll with the details of the death and the services.

The Mobile Street Vendor

In our town and nearby regions we were used to ambulatory sales. The seller carried a basked on his head filled with merchandise. They had many articles like handmade clothing, shoes, mirrors, combs, makeup, perfumes and everything he could carry. He would walk through the neighborhood announcing the merchandise.

There were specific days that he would come and people waited for those days.
One of my uncles was a street vendor for a long time. I still remember him.

Ena

Ena was like a mother to me.
She was very intelligent and studied until the 5th grade.
She knew history, mathematics and geography.
She used to create stories, poems and songs and played the cuatro and the guitar.
She used to advise us to study, to become useful to our society and to ourselves.
She used to give us money to take the bus. It used to cost 25 cents round trip.
She loved Puerto Rico; was a true patriot.
She was founder of the Independent Party.
She used to participate in all the activities and made speeches everywhere she went.
Once, she ran for mayor of Moca where she was politically active.
She loved her Country with all her heart.

Monchín del Alma

That was his nickname. I don't know his name.
This man was a survivor from the epidemic, the disease of leprosy.
In those times there were few survivors, according to my grandparents.
I remember very little about him; he used to pass by the towns of Isabela, Moca and San Sebastián.
He used to be on a horse directed by someone who held its reins.
He held a cuatro or guitar to sing or mumble a song.
That is how he earned a coin that people gladly gave him.

He covered his face with a veil and wore a hat.

Plenas of the West

Based on the story collection, Characters of the Town, by Carmen I. Cruz
Lourdes Pérez, 2014

To those present here
I bring this *plena*
And with my soul I dedicate it
Keep in mind that these stories
Are from the West of Puerto Rico

Goyo Pérez knew about remedies
Goyo Pérez really knew
He smoked a tobacco pipe
And his hat was from Panama

Don Goyo consulted
A voluminous book
And it was said that his remedies
Had something miraculous

The singers have come
To the rosary of the Three Kings
Some come on horse
Some even by ox-drawn carriage

The man who sells shaved iced has
arrived
The man who sells goods in a basket has
arrived

Down the street they are announcing
With a megaphone and a black ribbon
That death came to a'visiting
The details are given out loud

Aleja the one who sells the lottery
I want the number 126
If I win, I promise
There will be a party in my yard

Aleja, (sell me) "the lucky number"
To see if this poverty
Doesn't follow me to my death

The record player has arrived
It was bought by Pedro Jiménez

On the bottom it had a handle
The top looked like a flower
And the round vinyl
Sounded like any other nightingale

Wearing white shirts ironed with starch
Sunday, after church, the festivities began

Although the federal government
Was following her movements
The valiant Ena founded the
Independence Party

Her eloquent speeches
Of conviction and certainty
That is why they nominated her
To run for mayor

The wonders of the world
Speak of beautiful places
But I wouldn't trade for anything
The Lares Revolution

To those present here
I bring this *plena*
And with my soul I dedicate it
Keep in mind that these stories
Are from the West of Puerto Rico

The Needlework Industry

When I was a child, there were many workshops belonging to the needlework industry in our region. There were others across the island but not as many as in the Western Region.

I remember a few of them and how they functioned. In Mayagüez, there were several of fine women's underwear. There were distributed at seamstresses' homes where they would do the embroidery.

In other workshops, the clothes would be already cut and the seamstresses would embroider them there.

Everything was made by hand. Fine silk required vast experience. They would be paid by the dozen and if made in reasonable time frame.

I can remember the details related to the leather gloves, velvet or mink. I learned how to work on those. They used to be delivered to the homes.

Doña Ana had a workshop in my town. She used to bring the work from Mayagüez and she had a few women you used to sew for her.

The process was the same: home deliveries and a reasonable time to finish each piece. They were paid by the dozen and depending of the level of complexity and the excellence of the work.

Some of the women who worked for Doña Ana where: Doña Quinta, Vicenta, Bacha, and Cirila, among others. Some of the work would be exported to the U.S.

In San Sebastián there were several distributors. I remember Doña America, Doña Paca and Doña Clemencia.

Doña Priscila had a workshop in Hato Arriba. In Saltos, Doña Anita Trujillo had a workshop where they made handkerchiefs. Those were embroidered.

In Aguadilla, I met people who used to administer workshops. Doña Agustina was an administrator and at the same time worked for herself for different people in then town.

Don Rafael Igartúa ran a bigger workshop, like a small factory. It had a room where the pieces were cut and sometimes put together there as well.

The most complex parts like the embroidery were done at the homes of the seamstresses.

There was a workshop for girls' dresses in which the embroidery was given to the seamstress and she would make the dress at home.

I am very grateful of having learned to sew and to embroider. I learned by going to work with my mother, observing how they made them.

These workshops were a source of income for those women who could work from home.

Everything started to dwindle. There are no more active workshops as the factories started to come in. Women could no longer take work to do at home and unless they were seamstresses. The job of piecing together the dresses, gloves and other exports was over.

Seamstress
Décima and music by Lourdes Pérez, 2014
Based on the story by Carmen I Cruz, *Los Talleres De La Aguja*

The laborer's wagebook
Kissed yellow by time
Eaten by moths
Is a fundamental part
A way to enter the portal
Of the times of my grandmother
Who only had for her schooling
For literature: embroidery
Composer of dresses
Architect of the cloth

Measurement and wisdom
Mathematics in the cut
Physical science in the posture
Domain of engineering
Threads and philosophy
Dignity that does not wrinkle
And because life pushes
To earn a bite
You decorated with brocade
The needlework industry

Fine gloves for ladies
Clothes for children and infants
Elegant handkerchiefs
A dozen per hour
Work and work
Exports of velvet
Holding on to your country
Wishing away exile
Home deliveries
And a sleepless heart

Seamstress, seamstress
Who adorned my region
You closed with precision
And a golden brooch, an era
With my song I would like
To stop the thread for a moment
To make the clock slower
To eternalize your stitch
And in the air, like a sword
Let your monument shine

The Cattle

I wake up early. In the distance, maybe atop Cuesta De La Luna, as we all call it, I can hear a strong voice.

Maybe it is Pancho, the son of León, Toño, Alejo or any other cattleman.
This calls my attention, maybe nostalgia remembering my childhood when I went to the house of my paternal grandparents to enjoy and run through the pastures of their cattle.

I listen to a voice calling the cows by their name: "Here, Canelo! Then, the echo followed. "Chocolate!""Pinta!" The echo continues. The herd obeys and follows. It is time to move them to another place. Maybe near the creek. Maybe to the well belonging to Don Cheo.

The shade of the bamboo, the maná tree and the brucal tree provides shelter, security and breeze. Then, before nightfall, they will return to sleep.

Tomorrow, another morning will hear again the voices of the cattlemen returning to their routines.

I can almost see them satisfied, going up and down la Cuesta de la Luna
With their song, their countryside, their *le lo lai*.

Cattlemen of Pepino
By Lourdes Pérez, 2001
Based on the story "El Ganado" by Carmen I. Cruz

Their names are still remembered
Pancho, the son of León
Toño, Alejo and many other
Early risers
I want my song to honor
Those whose destiny
Was to walk the paths
Under the shade of the guamá tree
For you my verse

Cattleman of Pepino

I imagine that it is not easy
To direct the cattle to move
From one place to the other
You must be strong and agile
Keeping the young calf
From high waters, whirlwinds
And so many dangers and cliffs

But you always emerged victorious
Cattleman of Pepino
Those who lead the herd
Look for the clearest pond
Because the job requires
Providing care and shelter
Countryman, I declare here
That your height is that of the pine tree
And from the finest linen
I want to weave my poem
A woman salutes you
Cattleman of Pepino

My mother, a fellow countrywoman
Gifted me the story
And in *décima* I present
Another Puerto Rican painting
May it be that one warm morning
Your voice, pilgrim, may be heard
May a divine echo remain
Atop the hill, Cuesta De La Luna
Of my town, you are the fortune
Cattleman of Pepino
Fortune of San Sebastián
Cattleman of Pepino

The Serenades

I still remember how as a child, serenades would take place.
They were gifted to a girlfriend, wife, mother, friend or any other loved woman.
It would be for a special day or any occasion. They would take place late into the night.
Friends, musicians or any other relative would arrive at the indicated house.
Beforehand, it was known where the bedroom was located so that it could be sung under the correct window. Any mistake would bring a surprise!

The singer arrived quietly, that was the grace - to be able to listen to the songs unexpectedly.
Serenades were beautiful and pleasant in a night with a full moon.
There were no lights and the moon was our guide. As children, we would follow the musicians to see and hear.

One of my uncles was a musician and he would bring serenades to his fiancé but there was an obstacle: crossing the river to arrive at her house. It was wonderful! Fondly remembered!

When I was an adolescent I enjoyed various serenades from friends and
suitors. When I got married I still received them for special days, birthdays and anniversaries.

Beautiful Woman of Moca
Words and music by Lourdes Pérez, 2014
Based on the short story *The Serenades*, by Carmen I. Cruz

I am following the murmur of the clear river
I am following the moon that emanates light
I am asking the heavens that you may not forget
To welcome my verses by your window
Beautiful woman from Moca

With a violin laced with pearls

My poor soul flutters
I have come to pose, enchanting one
Hoping to bring to live the flame of love
If you say, "yes," with a sigh
I will touch the closest stars
And if you want to know how much
I admire you
I have only one life and for you
I would give it
Beautiful woman from Moca

I will spend the rest of my life loving you
With immeasurable feelings, loving you
Until time decides, loving you
The most beautiful story
Would be the glory
Of achieving your love

I am following the clear murmur of the river
I am following the moon emanating light
I am asking the heavens that you may not forget
To welcome my verses
Beautiful woman from Moca

Mila and Her Garden

Mila loved flowers and planting. She took care of the garden with excitement.

She had flowers and medicinal plants. She made her garden around her house.
Among the flowers she had white lilies, poppies, lily of the valley, tulips, jasmine, and geranium. She would plant, palm trees, myrtle, fruit trees like orange, guava, papayas, lemons and gooseberries.

Her medicinal plants included: purslane, savory, lantana, ginger, water willow, aloe, cactus, vanilla, parietaria (in tea form to cure colds, vomit and stomach aches).
For earache she used marjoram, crushed with olive oil.

For medicinal baths the following were used: Saint Mary, marigold pepper, lippia and sage as a poultice for headaches.

She washed her face with rosewater. She said it made you look younger and I believed her as her skin was beautiful!

She also planted oregano, peppers for vinegar, onions, squashes and cilantro.

After caring for her garden, she would enter her house, dancing with two flowers, one on the bun in her one on one ear. She looked so beautiful ...I still see her...

Mila's Garden
Words and music- Lourdes Pérez, 2014
Based on the story "Mila and Her Garden" by Carmen I. Cruz

Elegant mourning
Rose essence
A beautiful home
A triumphant posture
A chatty parrot
Kitchen and charcoal
Furnace and song
A magic garden
And your smile remained
By the lemon tree

Irreplaceable
Grandmother, your kiss
Your love and prayers
Were invincible
You visible smile
The flower on your hair
Your invisible veil
Sheltered my childhood
Distance doesn't exist
Oh, how I yearn for you

Purslane, savory
Parietaria for tea
A rag doll
Delicious coffee with oatmeal
Cookies in the pantry
Sage and marigold pepper
Refreshing water from the well
Marjoram for the ear
It seems as if you never left
You were my flowering oak

For you, Edelmira
"Mila" Colón Soto
A devoted verse
For inspiring my soul
I know that you can see me
I can see you also
My beautiful luck
Of being a link in this chain
And my heart
Will always love you

Hero

When I lived at my grandparent's house, Mila had a dog named Hero.
They taught him to bring messages to her sons' and daughters' houses.
She tied a handkerchief to his neck and gave him instructions to go.
Whoever received the message would read it and answer by sending the dog with a new message. It was incredible!

If Hero were to make a mistake the person would redirect him to the correct house by stating the name of the person to get the message and the dog would go to the correct house.

Hero
Words and music by Lourdes Pérez, 2014
Based on the short story, Hero, by Carmen I. Cruz

Says my mother that one day
A dog arrived at their house

The color of rust
Hero, he was named
He ran from yard to yard
And greeted wagging his tail
Saying "hello" was the only thing missing
And since he was so amenable
He became the messenger
Who helped everyone communicate

They tied a red handkerchief to his neck
So that they could see him in the distance
He would run around
With the tiny notes flying in the wind
"Grandfather says to come over for lunch"
"…that Maria is getting married"
You are all invited"
And Hero, the privileged dog
Would enjoy the leftovers

If the dog would get confused
And his message landed in the wrong yard
Everybody already knew him
They would simply tell him
Where to go
And the canine
With his sense of instinct and intelligence
Would complete diligences
Of a beautiful life of togetherness

I am telling you, don't be surprised
He would take off with his message
Hero, you were a character
A man's best friend
Allow me to name you
And to remember you in verse
Running through the green mountains
Where my mother grew up
So that you, in memory, may bark
At this biting nostalgia

Travel by Train

During the years of 1944 to 1947 I was a high school student.
Much earlier than that, the passenger and cargo train existed in Puerto Rico.
It had very few passenger wagons and maybe one cargo wagon.
I always had the illusion of traveling in a train since I had never experienced it.

The moment arrived! I had to do official business to become a student at the University in San Juan. To me, it was wonderful to see my wish come true.

The people of San Sebastián, Moca and other towns, including Aguadilla used the stop named Cuesta Vieja. My aunt used to accompany me since she used to travel frequently.

There were many people waiting at the station. Some to work, some to visit relatives…others on official business. It was something new for me. At the entrance of the station, we waited for the train. There, you could see people selling bread, lemonade, tiny fish in glass jars maybe extracted from a creek…

The train would arrive more or less at 12:00 noon. It came from the south, meaning Ponce toward San Juan. We would wait, pay and sit, in a bit of a hurry, wanting to get a window seat to observe the trajectory, the landscape, natural beauty, the coast…It was not very comfortable because the benches were made out of wood. First class seats were made out of straw.

Along the route, we would pass by several towns: Isabela, Quebradillas, Camuy, Hatillo, Arecibo, Barceloneta, Manatí, Vega Baja, Toa Baja, Dorado, Bayamón, until arriving in San Juan. From there to our final journey, in local public automobiles that went through Santurce, Hato Rey and Rio Piedras. In all the aforementioned towns the train would stop. There was a whistle and a bell in every stop. There were workers along the way with red flags indicating the train needed to stop as another was approaching. Around Quebradillas, there was a tunnel. It is still there today.

People from all class backgrounds used to travel. First class was $1.50, second class was 95 cents and short stops were 10 cents.

The trips, although uncomfortable, were pleasant. To see the coast and the natural surroundings that brought so much peace. Maybe a ship in the distance, sugar cane fields, pineapples and other fruits planted along the way.

Towns were known for their products, like Isabela for its cheese and Manatí for the cashew fruit and fried pastries.

By 1950 to 1952, the train stopped operating. Maybe it was because of the continued influx of imported cars. They were faster and people used them more frequently. Our beautiful train was over…

Recently, in the metropolitan zone a new train was implemented: an urban train between San Juan and Bayamón. I hope it has better luck serving the needs of the country on behalf of progress. I also hope that one day we can enjoy another train to see the beauty of our island through the coast, like years ago, even if the sugar cane fields or factories and other details that make use unique are no longer there.

Along the Edge of Memories
Décima by Lourdes Pérez
Based on the short story "Travel by Train" by Carmen I. Cruz

Along the edge of the coast, the train
You, riding the edge of your memories
Me, yearning for your stories
Mother and daughter
In this wave that comes and goes
You, as if saying, "Come here
And look through my eyes"
The past gives us shelter
And savoring the cashew fruit
I travel towards your Spring
To journey as we wish

Then detail of your blouse
Your skirt, your shoes
Your majestic picture
And these obsessed muses
Refusing to leave
Wanting to know of you
What else do you carry, Carmen I
In your cane luggage
Your innocence, your jewels
Of country grass and wild weeds?

Ninety-five cents
And you are transformed into a queen
The island wind brushing your hair
Triumphant from one end to the other
I, in the meantime, your image conjure
In a composition
Wanting to give expression to your beauty, traveler
Goes from the country a foreigner to San Juan
To take care of important things

Every level, to his or her seat
Wood or straw
From Ponce to Aguadilla
To see an expert
A dead relative

A distant relative
Children by the hand
As the distractions abound
You with your aunt, Adoración
Leaving early

Tiny, multicolor fish
In small glass jars
Homemade cheese
Noise of marketplace sellers
You and your aunt like two flowers
Traveling in a garden
Not wanting to put an end
To this childhood illusion
Of immersing yourself in the
Circumstances of daily life

Pineapples cling to their sweetness
As we pass by Manatí
I, clinging to you
Praying for a delay
To stop at the best
Roads of your childhood
Laughing under an avalanche
Of jasmines, mother
Your life, rail and railcar
Of someone who lives fully

The train is an iron machine
Breathing coal
Wagons chained to one another
Cargo and passengers
We boarded first in Cuesta Vieja,
Aguadilla, Isabela, Quebradillas,
Camuy, Hatillo, Arecibo...
Route of live memories
That today shine
Through your semblance

My Journey: Rural Schoolteacher

In 1946, I graduated from high school. It was a time of war. The Second World War had erupted.

At that time, young men were obligated to serve the US nation. Most young men, teachers and professionals, left for the war. At the same time, newly graduated young people replaced them.

The Department of Public Instruction, as it was known then, offered exams to newly graduated students with a good GPA in order to fill the vacancies. There were other requirements. I was selected. They sent us to work wherever there was a job.

They sent me to a very distant school, away from my town. It was very difficult to make the transition from being a student to becoming a teacher. I started there and continued, confronting many obstacles. I wanted to study and better myself.

Arriving there was not easy. For the first time, walking through a short piece of road, the rest, paths, hills, alleys…you can imagine.

Sometimes a man that I knew would give me a ride on a donkey or a horse.

I would wake up before 6:00 am.

I was only eighteen and I was afraid, walking alone through places I have never seen before.
I would find dogs that were not familiar with me. I would think the worst.
Other times, parents would send their children to accompany me along the way.
I would pass a hill called "Ant Cave" not sure how it got its name.
I would walk through cow pastures, a place called " Cave of The Indians."
From that point I could see the towns of San Sebastiàn and Moca and very clearly see the sugar cane factories named Plata and Coloso, which was in the nearby town of Aguadilla.

The period of sugar cane harvesting was strong and it was a good source of income.
In some houses I was offered breakfast to continue my trajectory. After a long walk I would arrive at the school located behind a small mountain part of a small mountain range.

The school was just one classroom. Almost all classrooms were like that, one or two rooms, since it was only elementary school up to the third grade; two groups in the morning and one in the afternoon. It was equipped with children chairs, a table and chair for the teacher, two or three blackboards with chalk and erasers. There was no potable water or electricity. There was no school cafeteria. The bathroom was a small latrine located near the classroom.

That is how almost all the schools in the rural zone looked. They assigned me to first and second grade. There was not a lot of enrollment.

Since the town was a long distance, the books would arrive at the last place a car could go, then brought into the classroom via horse. There was a man in charge of that duty.
The school superintendent would visit us twice a year. On those visits we were supervised and evaluated. Based on such evaluation it was determined as to whether or not we would be hired again. I was evaluated favorably and was able to start university studies.

I went on Saturdays and some summers until I complied with the requirements to become a teacher and I was certified as one.

This was my first experience as a teacher.

The children were good, humble and respectful. The parents, the same. They cooperated any way they could. I remember them respectfully. They appreciated my vocation and sacrifices. Sometimes, some of them visit me still; some are no longer here. They love me and I love them. I know that I contributed with my knowledge to help shape some of them. I thank God for this.

Rural Teacher

Words and music by Lourdes Pérez, 2014
Based on the story by Carmen I. Cruz, *My Journey: Rural Schoolteacher*

Teacher, your footsteps, recorded, remained
The Cave of the Indian, the royal palm trees
Witnessed you passing by, early, in a hurry
Rural teacher, among the birds.

With chalk and blackboard, almost in the open air
Children without shoes, eager to learn

Gatherer of laughter and songs
You and the sun, radiant
In the distance

Through the county of Rocha
Roads, paths, nearby towns
You walked, brave and beautiful teacher
Barely eighteen years old

Teacher, your footsteps, recorded, remained
The Cave of the Indian, the royal palm trees
Witnessed you passing by, early, in a hurry
Rural teacher, among the birds.

Neighbors offered coffee and breakfast
With very few books, you imparted words
That were seeds of wild flowers
Noble harvester
Those who till, cultivate

Teacher, your footsteps, recorded, remained
The Cave of the Indian, the royal palm trees
Witnessed you passing by, early, in a hurry
Rural teacher, among the birds.

Reality and Fantasy

I go out to contemplate the branches of the trees, how they move with the afternoon breeze. I jump over the high grass called *chapín*. I let myself fall on them as if they are a rug. Suddenly, I feel something in my feet. I stepped over a plant called *moriviví* (death and rebirth plant as it closes when it is touched). Its thorns hurt my feet. So tiny but nobody likes its caressing stings.

A butterfly alighting over the asclepia dances over my head. It is a beautiful monarch - black, orange and white. A daring traveler. Only she knows where she will be wintering, protecting herself from the elements.

I observe her until I lose her in the distance. Then, I too, continue my journey. I stop to see a small bird jumping from branch to branch.

I find a nearby creek. I look at it for a long time. It was the one I used to visit as a child but it didn't look the same; it was no longer clear like glass. It was filled with thistle and moss.

I said to myself, "you are not like you were before," and I started to remember how we used to see ourselves reflected in the water.

I continued looking into the water and suddenly saw a child there, in the mirror of the water. She was barefoot, her hair blowing in the playful wind. She was dressed in a black skirt and a white blouse. It was I - the child from the past.

I have remembered my childhood in the woods, the creeks and the beautiful countryside where I once ran and played.

This was the innocent childhood. I hope that the children today can be as happy as I was.

Water of Mirrors
Words and music by Lourdes Pérez
Based on the story "Reality and Fantasy" by Carmen I. Cruz

My shadow has a reflection
Mirror of water, my childhood
And in a field of green grass
I, without limits, quench my thirst
A hypnotic breeze entangled in a branch
Spilling dreams before me
And like a future butterfly
On my way to become prose
I come out of myself
My shadow has a reflection
And from far away
It looks at yesterday

Asclepia flowers adorn the pond
Where I exchange my grey
Thistle and moss become a whirlwind
In front of the girl I once was

Serene and barefoot
My childhood levitates
In a magic dance I leave
Like a shadow in two times
Mediating the encounter
Of the worlds, past and present

My shadow has a reflection
And from far away
It is giant

The Old Sugarcane Factory

The sugarcane factory doesn't sound anymore. It is now mute. Its siren doesn't awaken anyone anymore.

Since very young, I got to know about the sugarcane factory of my town. I learned to love and cherish it. I never thought that one day I would work there.

The siren used to wake us up announcing that it was time to start the daily routines: the women to prepare coffee, the men mostly to go to work cutting the sugar cane, the children to school and other children with their fathers to work in the sugar industry as well. At that time, there was hardly any machinery; everything was by hand.

Some would cut the sugar cane; some would gather to put it together in bundles and placed them in ox-drawn carts. The sugarcane was then transported to the factory where it was processed. Some areas had railroad tracks with wagons.

Some of the neighborhoods producing sugar cane were: Guatemala county (where the factory was located) Hato Arriba, Pozas, Plata, Capá and Voladoras.

We used to love to get inside the empty wagons. One of us would get inside and the other would push until the wagon would stop. There was another wagon called *lorí*. It was our favorite.

Harvest would last for six months. It was called zafra. The routine would repeat itself. Children would work in whatever way they could: taking water or breakfast to the workers, or collect the sugarcane in bundles.

On the day marking the end of the harvest there would be a great celebration. People would eat, sing, and dance. The songs were mostly *décimas*. There was also rum (homemade/bootleg).

The sugar cane factory doesn't sound anymore. It is now mute. Its siren doesn't awaken anybody.

The next six months would be "dead time." It is time of planting but no work cutting it. For many, they would have to wait six long months to return to the harvest.

After many years I went to work at the sugar cane factory, which was my clock for so long. I used to assist the man in charge of dealing with the landowners. I would keep records and was a phone operator.

I remember with love and respect my colleagues: Don Julio Visepó, Don Millo, Don Inés, Uto, Balolo, Echevarría and many others who have departed.

With new harvest the siren began again. It would wake us up and the happiness would return. Everyone would celebrate.

The ardent sun shone over the backs of the sugar cane workers. The same sun would start fires. After the fires, the cane was cut as well. Under difficult circumstances, the rural man would not fail and continued forward with his commitment and with his family.

Every year saw the decline of the Industry. There were very few incentives for the owners of the sugarcane farms, as they would only get fertilizer. These difficulties lead to the closing of the sugarcane factory. It was very sad for everyone and difficult for those who made a living from the work.

The sugar cane factory doesn't sing anymore. It doesn't. It doesn't wake us up in the morning.

Nobody brings sugar cane, which in return gave us the molasses, the "honey," the sugar. The factory no longer sweetens our lives. There is a bitter taste left for those of us who have loved her since childhood. We see a monument in ruins as if saying: " I was left here abandoned and sad after I was support and security to those who depended on me." The children ask us about those ruins. We have to tell them the history of the harvest since so many of them don't know it.

The sugar cane factory doesn't grind anymore, it doesn't sing. It brings longing and nostalgia to those of us who lived those moments.

It seems like a guardian that brings memories to all as if saying: "here I will remain, for centuries to come."

On the Island, I think there is only one sugar cane factory.

There is still hope for the harvest, the planting, the grinding of the sugar cane and of sirens singing in the early morning.

Let's revive it to savor again - its sugar, its honey...

Sweet Guardian (The Old Factory)
Based on the short story by Carmen I. Cruz
For the old sugarcane factory of San Sebastián (La Central Plata)
Words and music by Lourdes Pérez, 2005

Sweet guardian
Of our sweet dreams
My little hometown
Remembers a giant
Of sweet semblance
And colossal song
You crossed the threshold
That has now converted you into history
But a thousand memories keep you
My old sugarcane factory

Distant childhood
Doesn't forget the aroma
Nor the black sweetness
Of intoxicating molasses
Under a brilliant sun
It seemed like glass
The blade of metal
Chopping sugarcane
My eyes miss
The old sugarcane factory

As proof of love
The boys would bring us
Sweet cane and winks
Rural courtship
Your fruit was a flower
And the countryside
Shone majestic
Alive, working
You, beautiful and singing
My old sugarcane factory

I thought it was endless
Your immense harvest
And I feel, to this day
Something inconsolable
Something lamentable
The honeycomb is dry
And although it is your end
I see you as silver
Although others may see tin
My old sugarcane factory

Agradecimientos

Milita†
Raúl E. Pérez†
Raul Pérez†
Esteban Cruz†
Los músicos:
Miriam Pérez
Tony Mapeyé
José Flores Rodríguez
Joe Treviño
Auspiciadores:
Dr. Annette D'Armata
Susan Stevens
United States Artists
National Association
of Latino Arts and
Cultures (NALAC)
The Ford Foundation
Surdna Foundation
National Endowment
for the Arts
CoYoTe PhoeNix
Fund
City of San Antonio
Esperanza Peace and
Justice Center
Jordana Barton
Isabel Sánchez
Enrique Sánchez
Graciela Sánchez
Amy Kastely
Bernard Sánchez
Gustavo Sánchez
Gloria Ramírez
Riad Bahhur
Raymond Costantino
Eunice Costantino
Dr. Tamara Dickson
Lisa Voorhies

Peg Miller
Deisi Pérez
Elena Stoupignan
Guillermo Velázquez
Miriam Juan
Teresita Pérez
Lucy Mateu
Sylvia Pérez
Rev. Nilsa Pérez
Dr. Luis R. Pérez
Casa Abierta de las
Bellas Artes
Alex A. Fisher
Heba Nimr
Víctor Rivera Esteras
Victor Rivera
Cantata por la
Conciencia
Jaime U. Chacón
Xanna Don't
Robin Drimalski
Patricia Cardona
Fareen Ramji &
Sebastián José
María C. Blas
Julia Apodaca
Dr. Angela Valenzuela
Jody L Karr-Silaski
Dr. Leila Flores
Dueñas
Carol Vigil
Itza Carvajal
Monica Velásquez
Debra Rimmer
Dr. Richard A. Cornell
Dra. Graciela
González Farías
Monnie Anderson
Dr. Sandy Soto

Raida Gatten
Jeff Gatten
Dra. Aixa Rodríguez
Iris García
Liliana Wilson
Aneil Rallin
Harry Bernstein
Socorro Carrión
Dena El Saffar
Fernando Troya
Amador Román
Dr. Lawrence La
Fountain
Dr. Robert Waters
Luis Zapata
Dr. Paola Zaccaria
Eugenio Basilio
Kay Rivers Kidd
Javier Díaz Muriana
Nancy Méndez
Gwendolyn Stroud
Dr. Nydia Cabrera
Dr. Scott Luper
Dr. Lorena Carbonara
Dr. Alessandro Portelli
Elsa Pérez
Dr. Monique Mayo
Sharon Hoyte
Dr. Antonia Castañeda
May Nasr
José Orta
Dra. Mima Vargas
Veronica Castillo
Susanne Johnson
Susanna Sharpe
Joanna Labow
María Medina
Dra. Ana María Pérez
Madeleine Sosin

Agradecimientos

Sin ustedes no hubiese sido posible! Gracias!

#11 BONUS TRACK:
Juntos en Faena
Décima de agradecimiento por Lourdes Pérez, 2014

Por tan generosa
Expresión de amor
Por darle una flor
A mi madre hermosa
Gracias, mariposas
Pájaros de altura
Por tanta ternura
Y el amor al arte
Por ser estandartes
De nuestra cultura

Juntos en faena
Bordeando memorias
Para que la historia
No se torne ajena
Mi alma serena
Se lanza futura
Y en sueños fulgura
Por una Nación
Pues sagrada es la expresión
De nuestra cultura
Tres generaciones

Voces de mujer
Que imparten saber
A sus tradiciones
Coro de pasiones
Borrando amarguras
Como el agua pura
Que transborda al mundo
Que viva lo fecundo
De nuestra cultura

Claveles y dalias
Desde Puerto Rico
A ustedes dedico
De Méjico a Italia
Ya Carmen Idalia
En su andar augura
Que un sitio asegura
Entre los autores
Que le rinden loores
A nuestra cultura
Mi madre rinde loores
A nuestra cultura

Working Together
Décima of gratitude by Lourdes Pérez

For such generous
Expressions of love
For giving a flower
To my beautiful mother
Thank you, butterflies
Birds of High flight
For so much tenderness

And love of art
And for being pillars
Of our culture

Together at work
Riding the edge of memories
So that we might not
Become estranged from history

My serene soul
Projected to the future
In dreams bursting in light
For our Nation (Puerto Rico)
Sacred is the blooming
Of our culture

Three generations
Of women's voices
Imparting wisdom
To tradition
A choir of passions
Erasing suffering
Like the pure waters
That move across the world
Long live all that is fertile

In our culture

Carnations and Dallies
From Puerto Rico
To all I dedicate
From Mexico to Italy
Already, Carmen Idalia
On her journey predicts
That a place is held for her
Among the authors
Who sing homage
To our culture
My mother pays homage
To our culture

La Central antes, 2013

DULCE VIGILANTE: *Remembranzas de la Región Oeste De Puerto Rico* es una expresión escrita, musical y visual de la vida rural cotidiana en el oeste de Puerto Rico tal y como era en los años de 1930 a 1950.

Esta colección de cuentos ilustrados y disco está basada en los escritos de una maestra retirada, historiadora y artesana octogenaria, Carmen I. Cruz. Las memorias conjuran imágenes vívidas y frases coloquiales en peligro de extinción. Hija de un multi-instrumentalista y una costurera, "Aida," como se le conoce afectuosamente, es la matriarca de una numerosa familia de linaje artístico.

Su sexta hija, la aclamada vocalista y compositora Lourdes Pérez recibió los escritos de su madre y ha seleccionado varias historias para convertirlas en canciones que rinden honor a formas tradicionales tales como décimas, seis, aguinaldo, plena y danza, además de crear un diseño de sonidos que incluyen la voz de su madre. La nieta de Aida, Andrea María Carnaval es artista visual. Ella ha dibujado las bellas imágenes en tinta. Dulce Vigilante en un proyecto multimedia, una memoria histórica del oeste de Puerto Rico donde tres generaciones de mujeres artistas velan de la historia.

En el disco compacto, se unen a Lourdes Pérez tres tesoros de Puerto Rico: la aclamada cantautora Miriam Pérez (octava hija de Aida) en voz y guitarra, Tony Mapeyé (José Antonio Rivera Colón) en el cuatro puertorriqueño y José A. Flores Rodríguez en guitarra.

Dulce Vigilante ("Sweet Guardian") is supported in part by the National Association of Latino Arts and Cultures, the Ford Foundation, and the Surdna Foundation through a grant from the NALAC Fund for the Arts Grant Program; by United States Artists and donations from individuals; with essential support from Esperanza Peace & Justice Center.

Biografías

Carmen I. Cruz

Este proyecto sale de la fuente creativa de Carmen I. Cruz, mejor conocida por "Aida" Cruz, una querida maestra retirada quien enseñó en los pueblos de San Sebastián y Moca durante más de treinta años. Asimismo Aida es una artesana tradicional que borda ropa de bebé y pañuelos finos típicos de la región.

Su padre, Estéban Cruz, fue conocido por su hermosa prosa y por ser un violinista talentoso. La familia Cruz cuenta con muchos músicos, cantantes y lutieres.

Aida, al término de su carrera de maestra, de criar nueve hijos, ayudar a criar nietos y de cuidar a su querida madre quien vivió hasta los 99 años, comenzó a escribir estas memorias de la infancia y juventud.

Lourdes Pérez

Lourdes Pérez, artista prolífica puertorriqueña, es una compositora contemporánea, cantante, poeta, décimista y guitarrista.

Considerada por muchos como "una de las grandes cantantes y compositoras femeninas de América Latina," por su habilidad de trascender lenguaje con una voz que es una combinación de poder y fragilidad, Lourdes Pérez ha realizado composiciones para cine, teatro y danza y ha cantado duetos con numerosos y diversos artistas como la aclamada cantante argentina Mercedes Sosa, el maestro decimista mexicano Guillermo Velázquez y la artista popular canadiense Jane Siberry.

Su discografía incluye 8 discos compactos y la colección 20 Años. Sus obras aparecen en compilaciones musicales, antologías y enciclopedias, incluyendo Oxford Encyclopedia of Latinos y Latinas (2005). En el 2006, Lourdes Pérez fue una de cinco músicos elegidos a recibir un premio por parte de la organización United States

Artists reconociéndola como "una de las artistas más valiosas en el país." Recientemente, Pérez colaboró con información de trasfondo en la poesía puertorriqueña en el libro, *Mi Mundo Adorado* (2013), de la Juez de la Corte Suprema de los Estados Unidos, Sonia Sotomayor, quien también tiene raices en el oeste. Para más información: www.lourdesPérez.com.

Andrea María Carnaval

La nieta de Aida, Andrea María Carnaval, se ha convertido en una excepcional artista visual. Su tía Lourdes le solicitó que ilustrara las imágenes y poemas por lo tanto cuando no estaba "surcando olas" cerca de su casa en Aguadilla escuchaba y leía detenidamente; pedía "más música" o "más ideas" y se fugaba a dibujar. El talento de Andrea consiste en concentrarse en una idea y dibujar desde el centro de ésta y extraer la esencia pura, el tema inalterado.

Editora/Productora

Annette D'Armata

Dr. Annette D'Armata, además de destacarse en la práctica de la medicina integrada, ha colaborado por más de 20 años como compositora para teatro, danza y cine y productora de discos y conciertos junto con Lourdes Pérez. Es puertorriqueña de corazón y cree firmamente que la medicina más potente es la música, el arte y la historia oral.

Músicos Invitados:

Miriam Pérez

Miriam Pérez cursó estudios de música en la Universidad Interamericana de Puerto Rico en San Germán y ha lanzado 4 discos compactos. Con su hermosa voz y dedicación a la cultura y a la educación, ha abierto nuevas rutas culturales en el área oeste de Puerto Rico.

Miriam se ha presentado extensamente por todo Puerto Rico, los Estados Unidos, Cuba, México e Islas Vírgenes, además de haber colaborado y compartido el escenario con Antonio Cabán Vale (El Topo), Sharon Riley, Roy Brown, integrantes de Haciendo Punto, Zoraida Santiago y Bomba Urbana, entre otros.

Lourdes expresa: "Miriam lo heredó todo: la elegancia de mami, los principios de nuestros padres y el talento musical de nuestro abuelo. Cantar con ella es como volar y saber que el aterrizaje tendrá gracia porque su instinto es brújula y su amor por la música queda expresado a capacidad cuando lanza su hermosa voz."

Tony Mapeyé

José Antonio Rivera Colón, mejor conocido como Tony Mapeyé, engalana este proyecto con su extraordinario cuatro puertorriqueño. Es músico de talento inmensurable quien ha dedicado su vida a la creación y preservación de la cultura puertorriqueña. Tony fundó el grupo Mapeyé en 1978, uno de los mayores exponentes de la música folklórica de Puerto Rico, quienes han mantenido con fidelidad los estilos tradicionales y la instrumentación de la música jíbara, folklórica de Puerto Rico.

Tony nació en Morovis, Puerto Rico en 1948. Cuatrista autodidacta y educador, trabajó con el Instituto de Cultura Puertorriqueño, promoviendo programas educativos culturales a través de la isla. Durante ese tiempo, hizo presentaciones con el grupo Mapeyé, combinando su amor por el cuatro y su vocación de promover la herencia cultural de su Nación. Mapeyé continúa presentándose en la isla e internacionalmente, sirviendo como orgulloso representante de la cultura musical puertorriqueña.

Lourdes y Tony se conocieron en el Festival de Huapango Arribeño (un festival de décima en las montañas de Xichú, Guanajuato, producido por el maestro Guillermo Velázquez). Esta es la primera ocasión en la cual colaboran juntos.

[Carmen I. "Aida" Cruz, foto por: **Teresita Pérez**. Lourdes Pérez, foto por: **Jennifer Davis**. Andrea Carnaval, foto por: **A. Ginorio**; Miriam Pérez, foto por: **Juan Luis Valentín**; Tony Mapeyé, **Cortesía de: Group Mapeyé**]